하루 10분 맞춤법 따라쓰기

3단계 띄어쓰기와 외래어

키즈키즈 교육연구소 지음

미래주니어

차례

예문 따라쓰기로
올바른 띄어쓰기와
외래어를 익혀 보세요!
따라 쓴 낱말에는
☒표시하세요~

머리말

하루 10분 따라쓰기로
예쁜 글씨체와 국어 실력을 키워요!

자주 틀리는 띄어쓰기와 외래어를 익혀 보세요.

〈하루 10분 맞춤법 따라쓰기-3단계 띄어쓰기와 외래어〉는 아이들이 어려워하는 띄어쓰기와 외래어를 따라쓰기와 접목하여 흥미롭게 익힐 수 있도록 구성하였습니다.

'1장 꼭 알아야 할 띄어쓰기'에는 이름과 숫자, 단위 등 기본적으로 알아야 할 띄어쓰기에 대해 소개했습니다. '2장 틀리기 쉬운 띄어쓰기'에서는 자주 틀리는 띄어쓰기를 예문을 통해 알아보고, '3장 틀리기 쉬운 외래어'에는 외래어 표기법에 따라 적어야 하는 대표적인 외래어를 소개했습니다.

맞춤법은 생활 속 예문을 통해 낱말의 쓰임을 익히는 것이 가장 효과적인 방법입니다. 다양한 예문을 차근차근 따라 쓰다 보면 누구나 '국어왕'이 될 수 있습니다.

바른 글씨체 연습으로 예쁜 글씨를 만들어 줍니다.

한글을 익히는 연령이 점점 낮아지면서 글자를 익히는 데만 집중하다 보니 바른 글씨체를 갖는 것에 소홀히 하는 경우가 많습니다. 하지만 한 번 익힌 글씨체는 쉽게 고쳐지지 않으며, 어릴 때 글씨체를 바로잡지 않으면 자라서도 글씨체를 고치기가 힘이 듭니다. 또 사람들 앞에서 글씨 쓰는 것을 부끄러워하거나 악필이라는 핸디캡을 갖기도 합니다.

ㄱㄴㄷㄹ

처음부터 바르게 익힌 예쁜 글씨체는 평생 훌륭한 자산이 됩니다. 〈하루 10분 초등 따라쓰기〉 시리즈는 어린이들에게 따라쓰기를 하며 자연스럽게 바르고 예쁜 글씨체를 익히도록 도와줍니다.

'쓰기'는 초등 학습의 기본이 되는 교육 중 하나입니다.

초등학교에 입학하면 읽기, 쓰기, 말하기는 가장 기본적인 학습입니다. 자신의 생각을 바르게 전하기 위해서 바른 글씨체를 익히는 것은 필수입니다. 또한 글씨를 잘 쓰면 어릴 때나 어른이 되어서도 주변 사람들의 관심을 받게 되고, 자신감도 갖게 됩니다. 뿐만 아니라 글씨를 한 자 한 자 바르게 따라 쓰다 보면 산만한 마음을 가라앉게 해 주며, 집중력도 함께 길러져 학습에 필요한 기본기를 탄탄하게 다져 줍니다.

꾸준히 따라쓰기를 할 수 있도록 격려해 주세요.

따라쓰기는 처음부터 욕심을 내어 하루에 여러 장을 쓰지 않도록 합니다. 한 번에 많이 쓰는 것보다 매일 꾸준히 쓰는 연습을 하는 것이 바른 글씨체와 맞춤법을 익히는데 더욱 효과적입니다.

'칭찬은 고래도 춤추게 한다.'는 말이 있습니다. 부모의 말 한마디에 아이는 자신감을 가지고 꾸준히 학습할 수 있는 용기를 얻습니다. 작은 변화에도 관심을 가져 주고 아낌없이 칭찬해 주어야 합니다.

1장

꼭 알아야 할 띄어쓰기

띄어쓰기는 우리의 말과 글을 바르게 쓰기 위한 규칙입니다.
이 장에서는 이름과 숫자, 단위 등 기본적으로
알아야 할 띄어쓰기에 대해 소개했습니다.
예문을 따라 쓰며 기초적인 띄어쓰기를 익혀 보세요.

01 성과 이름 쓰기

사람 이름은 '안중근'과 같이 붙여 씁니다.
'독고 준', '남궁 억'처럼 성이 두 자인 경우는 성과 이름을 띄어 쓸 수 있어요.

 이름 뒤에 붙는 '씨, 군, 양, 님'은 띄어 써요. '이수영 씨, 박대연 군, 박세연 양, 박주원 님'으로 씁니다.

바르게 따라 써 보세요.

제		이	름	은		이	수	영	입	니
제		이	름	은		이	수	영	입	니
다	.									
다	.									

아래 칸에 맞춰 써 보세요.

이수영입니다.

이수영입니다.

이럴 때 이렇게!

• 한지민 님 앞으로 택배가 왔습니다.

• 내 친구 김지현과 김지연은 이름이 비슷해서 헷갈릴 때가 많다.

02 호칭 쓰기

'누나, 오빠, 선생님, 박사'와 같은 말은 이름 뒤에서 띄어 써야 해요.
'이수영 누나, 박주원 오빠, 김제동 선생님' 등으로 씁니다.

 바르게 따라 써 보세요.

담	임		선	생	님	은		김	제	동	∨
담	임		선	생	님	은		김	제	동	

선	생	님	입	니	다	.					
선	생	님	입	니	다	.					

 아래 칸에 맞춰 써 보세요.

김제동 선생님
김제동 선생님

이럴 때 이렇게!

- 내가 제일 존경하는 사람은 김구 선생님입니다.
- 최근 윤민제 박사가 흥미로운 논문을 발표했다.

03 토씨(조사) 쓰기

'은 / 는', '이 / 가', '을 / 를', '와 / 과'와 같은 토씨는 앞말에 붙여 써요.
토씨는 조사라고도 해요. 낱말 뒤에 붙어 그 낱말이 다른 낱말과 어떤 사이인지
표시하거나, 그 낱말의 뜻을 도와주는 말이에요. '동생은', '친구가', '엄마를'처럼 붙여 씁니다.

바르게 따라 써 보세요.

엄	마	와		아	빠	는		기	뻐	하
엄	마	와		아	빠	는		기	뻐	하

셨	습	니	다	.
셨	습	니	다	.

아래 칸에 맞춰 써 보세요.

엄마와 아빠는 기뻐하셨다.

엄마와 아빠는 기뻐하셨다.

이럴 때 이렇게!

- 봄은 꽃이 피어나는 계절입니다.
- 선생님이 부탁하신 일을 단짝 친구와 함께 처리했다.

04 숫자 쓰기

숫자는 만 단위로 띄어 씁니다.
'123,457원'의 경우, '십이만 삼천사백오십칠 원'으로 띄어 써요.

주의 '원'처럼 단위를 나타내는 말은 띄어 쓰고, 아라비아 숫자 뒤에서는 붙여 씁니다.

 바르게 따라 써 보세요.

이		옷	은		10	만		9	천	
이		옷	은		10	만		9	천	

원	입	니	다	.						
원	입	니	다	.						

 아래 칸에 맞춰 써 보세요.

10만 9천 원
10만 9천 원

이럴 때 이렇게!

· 동굴의 벽에는 일만 육천사백삼십구라는 이상한 숫자가 쓰여 있었다.

· 스포츠카 가격이 37억 8397만 원이래요.

05 고유명사 쓰기

학교 이름은 '미래 초등학교'처럼 단어별로 띄어 쓰는 것이 원칙이지만,
'미래초등학교'로 붙여 쓸 수도 있어요.
그 밖에 '세종 대왕'처럼 '대왕'은 띄어 쓰고, '의자왕'처럼 '왕'은 붙여 써요.

 바르게 따라 써 보세요.

미	래		초	등	학	교		1	학	년	∨
미	래		초	등	학	교		1	학	년	

1	반	입	니	다	.						
1	반	입	니	다	.						

 아래 칸에 맞춰 써 보세요.

미래초등학교

미래초등학교

이럴 때 이렇게!

· 이번 수학 경시대회 일등은 대원 초등학교 학생이래.
· 알렉산드로스 대왕은 마케도니아의 왕입니다.

06 동식물 이름 쓰기

동물과 식물의 이름은 붙여 씁니다.
'괭이갈매기', '애기똥풀', '마운틴고릴라' 등으로 쓰면 돼요.

 바르게 따라 써 보세요.

길	가	에		노	란		애	기	똥	풀
길	가	에		노	란		애	기	똥	풀

이		피	었	습	니	다	.
이		피	었	습	니	다	.

 아래 칸에 맞춰 써 보세요.

노란 애기똥풀

노란 애기똥풀

이럴 때 이렇게!

- 동물원에서 긴꼬리원숭이를 구경했다.
- 수염패랭이꽃은 여름에 피는 야생화입니다.

07 단위를 나타내는 말

'한 마리, 한 개, 한 권, 한 명'처럼 단위를 나타내는 말은 앞말과 띄어 써요.
'가지, 번, 년, 송이, 켤레, 장' 등도 단위를 나타내는 말이에요.

비슷한 표현 '1마리, 1개, 1권, 1명'처럼 아라비아 숫자가 올 때는 붙여 씁니다.

 바르게 따라 써 보세요.

도	서	관	에	서		책		두		권
도	서	관	에	서		책		두		권

을		빌	렸	어	요	.				
을		빌	렸	어	요	.				

 아래 칸에 맞춰 써 보세요.

책 두 권을 빌렸다.
책 두 권을 빌렸다.

이럴 때 이렇게!

· 강당에 모인 사람은 어림잡아 서른 명도 넘어 보였다.

· 학급 도서는 총 52권입니다.

08 대상을 가리키는 말

'이것, 저것, 그것'처럼 사물을 가리키는 말은 하나의 단어이기 때문에 붙여 써요.
단, '이 사람, 저 사람, 그 사람'처럼 뒷말을 꾸며주는 말은 띄어 씁니다.

비슷한 표현 '이쪽, 저쪽, 그쪽'처럼 방향을 나타내는 말도 하나의 단어로 붙여 씁니다.

 바르게 따라 써 보세요.

책	상		위	에		있	는		이	것
책	상		위	에		있	는		이	것

은		무	엇	일	까	요	?
은		무	엇	일	까	요	?

 아래 칸에 맞춰 써 보세요.

저 사람은 누구인가요?
저 사람은 누구인가요?

이럴 때 이렇게!

· 네 앞에 있는 그것 좀 빌려 주겠니?

· 이 사람이 바로 저를 구해 준 분입니다.

나열할 때 쓰는 말

'사과, 포도 등', '학교 및 가정', '시인 겸 소설가'처럼
두 말을 나열하거나 이어 주는 '등', '및', '겸'은 띄어 써요.

 바르게 따라 써 보세요.

가	방		안	에	는		책	,	공	책	,
가	방		안	에	는		책	,	공	책	,

필	통		등	이		있	어	요	.
필	통		등	이		있	어	요	.

 아래 칸에 맞춰 써 보세요.

책, 공책, 필통 등
책, 공책, 필통 등

이럴 때 이렇게!

- 나는 커서 가수 겸 탤런트가 될 거예요.
- 구청 및 동사무소에서 신고하면 됩니다.

10 다른 뜻을 가진 말

'못하다 / 못 하다'의 경우, '노래를 못했다'는 노래를 잘 부르지 못한다는 뜻이고,
'노래를 못 했다'는 어떤 상황으로 노래를 부르지 못 한 것이에요. '안되다 / 안 되다'의 경우,
'안색이 안됐다'처럼 안쓰러워 보인다는 뜻일 때는 붙여 쓰고, 그 외는 띄어 써요.

 바르게 따라 써 보세요.

청	소	를		깨	끗	하	게		하	지 ∨
청	소	를		깨	끗	하	게		하	지

못	했	다	.
못	했	다	.

 아래 칸에 맞춰 써 보세요.

시간이 없어 청소를 못 했다.
시간이 없어 청소를 못 했다.

이럴 때 이렇게!

· 잠이 드는 바람에 시험공부를 하나도 못 했다.
· 무슨 일이 있는지 안색이 많이 안됐어.

아래 글을 읽고, 올바른 띄어쓰기에 ○표 하세요.

1. (김현수 씨 / 김현수씨), 앞으로 나오세요.

2. 나는 (이상우오빠 / 이상우 오빠)가 제일 좋아요.

3. (햇살이 / 햇살 이) 따뜻하니 빨래가 잘 말라요.

4. 책 가격은 (이만 삼천 원 / 이만삼천 원)입니다.

5. (세종대왕 / 세종 대왕)처럼 훌륭한 사람이 되고 싶어요.

6. (안경 원숭이 / 안경원숭이)는 마치 안경을 쓰고

   있는 것 같아요.

7. 수민이네는 강아지를 (네마리 / 네 마리)나 키운다고 해요.

8. (저 사람 / 저사람)이 이쪽 길로 가라고 알려주었어요.

9. 골목길에는 (슈퍼마켓, 철물점, 음식점 등 /

   슈퍼마켓, 철물점, 음식점등)이 있습니다.

10. 행사가 취소되는 바람에 노래를 (못 했다 / 못했다).

2장

틀리기 쉬운 띄어쓰기

띄어쓰기는 뜻을 정확하게 전달하고 글을 쉽고 편하게 읽을 수 있게 합니다.

이 장에는 실생활에서 틀리기 쉬운 띄어쓰기를 한데 모았습니다.

자주 틀리는 띄어쓰기를 예문을 통해 재미있게 익혀 보세요.

11 간 : 친구 간(O) 친구간(X)

'간'은 두 대상의 사이나 관계를 뜻하며 앞말과 띄어 씁니다.
단, '남매간', '형제간', '부부간', '부자간'처럼 한 단어로 굳어진 경우는 붙여 써야 해요.

 바르게 따라 써 보세요.

친	구		간	에	는		신	뢰	가	
친	구		간	에	는		신	뢰	가	

중	요	해	요	.						
중	요	해	요	.						

 아래 칸에 맞춰 써 보세요.

친구 간의 신뢰

친구 간의 신뢰

이럴 때 이렇게!

· 폐기물 처리 시설의 설치로 인해 지역 간의 갈등이 심해졌습니다.

· 형제간에 작은 잘못은 서로 덮어줄 수 있어야 한다.

12 같이 : 꽃같이(O) 꽃 같이(X)

'같이'는 '처럼'으로 바꾸어 쓸 수 있을 때는 붙여 써요.
'눈같이 하얀 얼굴'은 '눈처럼 하얀 얼굴'로 바꿔 쓸 수 있어요.
단, '친구와 같이'처럼 '함께'라는 뜻으로 쓸 때는 띄어 써요.

 바르게 따라 써 보세요.

| 내 | | 친 | 구 | 는 | | 꽃 | 같 | 이 | | 예 |

| 뻐 | 요 | . |

 아래 칸에 맞춰 써 보세요.

꽃같이 예쁘다.

꽃같이 예쁘다.

이럴 때 이렇게!

· 명희는 바위 위에 올라가 개구리 같이 폼을 잡고 뛰어내렸다.

· 오후 산책은 강아지와 같이 가고 싶어요.

13 거야 : 갈 거야(○) 갈거야(✕)

'거'는 '것'을 구어적으로 일컫는 말로 앞말과 띄어 써요.
'늦은 거야?', '아름다울 거야', '숙제할 거야'처럼 씁니다.

 바르게 따라 써 보세요.

내	일		영	화	를		보	러		갈 ✓
내	일		영	화	를		보	러		갈

거	야	.
거	야	.

 아래 칸에 맞춰 써 보세요.

영화 보러 갈 거야.
영화 보러 갈 거야.

이럴 때 이렇게!

- 오늘은 학교 끝나고 바로 학원으로 갈 거예요.
- 난 내가 하고 싶은 일을 할 거야.

14 걸 : 할걸(O) 할 걸(X)

'걸'은 추측이나 아쉬움을 나타낼 때 붙여 쓰고,
'것을'이라는 뜻을 나타낼 때는 띄어 씁니다. '올걸', '그렇게 할걸', '클걸',
'하는 걸 보았다', '한다는 걸 몰랐어.'처럼 쓰여요.

 바르게 따라 써 보세요.

엄	마	가		숙	제	하	라	고		할 ∨
엄	마	가		숙	제	하	라	고		할

때		할	걸	.
때		할	걸	.

 아래 칸에 맞춰 써 보세요.

하라고 할 때 할걸.

하라고 할 때 할걸.

이럴 때 이렇게!

- 성적이 떨어지기 전에 공부를 좀 더 열심히 할걸.
- 냄비에서 국물이 넘치면 뚜껑을 열어야 한다는 걸 몰랐어요.

15 것 : 내 것이다(O) 내것이다(X)

'것'은 항상 앞말과 띄어 써야 해요.
'내 것이다', '할 것이다'처럼 소유나 추측을 나타내기도 하고,
'~할 것'처럼 명령이나 시킴의 뜻으로 문장 끝에 쓰기도 해요.

 바르게 따라 써 보세요.

저	기		있	는		자	전	거	는	
저	기		있	는		자	전	거	는	
내		것	이	다	.					
내		것	이	다	.					

 아래 칸에 맞춰 써 보세요.

내 것이다.

내 것이다.

이럴 때 이렇게!

- 책상 위에 놓아 둔 음료수는 내 것이야.
- 오늘 배운 것을 완전한 내 것으로 만들기 위해서는 복습을 해야 합니다.

16 -겠다 : 해야겠다(○) 해야 겠다(X)

'-겠다'는 앞에 오는 말에 붙여 씁니다.
'써야겠다', '만들어야겠다', '그려야겠다'처럼 쓰면 돼요.

 바르게 따라 써 보세요.

친	구	랑		함	께		공	놀	이	를∨
친	구	랑		함	께		공	놀	이	를

해	야	겠	다 .
해	야	겠	다 .

 아래 칸에 맞춰 써 보세요.

공놀이를 해야겠다.
공놀이를 해야겠다.

이럴 때 이렇게!

• 올해부터는 책을 많이 읽어야겠다.

• 축구를 하고 왔더니 너무 지저분해서 우선 씻어야겠습니다.

17 -구나 : 예쁘구나(○) 예쁘 구나(X)

'-구나'는 감탄의 뜻이 있는 혼잣말에 쓰이며,
새롭게 알게 된 사실에 주목함을 나타내는 말로도 쓰여요.
'멋지구나', '그러셨구나', '초등학생이구나'처럼 씁니다.

 바르게 따라 써 보세요.

오	늘		입	고		온		원	피	스
오	늘		입	고		온		원	피	스

가		참		예	쁘	구	나	!		
가		참		예	쁘	구	나	!		

 아래 칸에 맞춰 써 보세요.

참 예쁘구나!

참 예쁘구나!

이럴 때 이렇게!

· 착한 마음씨가 세상을 따뜻하게 하는구나!

· 수학도 차분히 공부해 보니 정말 재미있구나!

18 그동안 : 그동안(○) 그 동안(✗)

'그동안'은 이전의 일정한 기간을 뜻하며 붙여 써요.
'그동안 잘 지냈니?', '그동안 많이 컸구나.'처럼 씁니다.

비슷한 표현 '그동안'과 비슷한 말인 '그사이'도 붙여 써요.

 바르게 따라 써 보세요.

| 여 | 행 | 을 | | 떠 | 난 | | 후 | | 그 | 동 |

| 안 | | 많 | 은 | | 일 | 이 | | 있 | 었 | 다. |

 아래 칸에 맞춰 써 보세요.

그동안 많은 일이 있었다.

이럴 때 이렇게!

· 그동안 무슨 일을 겪었기에 이렇게 힘들어 보이세요?

· 그사이를 못 참고 또 장난을 쳤구나.

19 날 : 소풍날(O) 소풍 날(X)

'소풍날', '단옷날', '잔칫날', '한글날'처럼 사전에 한 단어로 등재된 말은 붙여 쓰고,
'개학 날', '운동회 날', '마지막 날'처럼 사전에 오르지 않은 말은 띄어 써요.

 바르게 따라 써 보세요.

내	일	이		소	풍	날	인	데		비
내	일	이		소	풍	날	인	데		비

가		올	까		걱	정	이	다	.	
가		올	까		걱	정	이	다	.	

 아래 칸에 맞춰 써 보세요.

내일은 소풍날이다.

내일은 소풍날이다.

20 내 : 학교 내(○) 학교내(✗)

'내'는 일정한 범위 안을 가리키며 앞말과 띄어 써요.
'시간 내', '교실 내', '일주일 내'처럼 씁니다.

비슷한 표현 '내'의 반대말인 '외' 또한 '학생 외', '시간 외'처럼 띄어 씁니다.

 바르게 따라 써 보세요.

학	교		내	에	서	는		휴	대	전
학	교		내	에	서	는		휴	대	전

화	를		꺼		주	세	요	.		
화	를		꺼		주	세	요	.		

 아래 칸에 맞춰 써 보세요.

학교 내에서는 꺼 주세요.

학교 내에서는 꺼 주세요.

이럴 때 이렇게!

· 공원 내에서는 애완동물의 목줄을 꼭 해야 합니다.

· 오늘 못 한 숙제는 이틀 내에 꼭 해라.

21 대로 : 너대로(O) 너 대로(X)

'법대로', '나대로', '사실대로'처럼 토씨로 쓰인 '대로'는 붙여 씁니다.
단, '아는 대로', '본 대로', '들은 대로'처럼 흔히 앞말이 '-ㄴ'으로 끝나면
띄어 써야 해요.

 바르게 따라 써 보세요.

너	는		너	대	로		나	는		나
너	는		너	대	로		나	는		나

대	로		해		보	자	.			
대	로		해		보	자	.			

 아래 칸에 맞춰 써 보세요.

너대로 나대로
너대로 나대로

이럴 때 이렇게!

· 세상의 모든 일이 생각대로 되지는 않는다.
· 설명서에 쓰여 있는 대로 로봇을 조립했습니다.

22 데 : 가는 데(○) 가는데(✗)

'데'는 '장소, 일, 것'의 뜻으로 쓰일 때는 앞말과 띄어 써요.
그 외에 '길을 가는데', '읽을 건데'처럼 앞말과 함께 쓰일 때는 붙여 씁니다.

주의 '데'가 '그런데'의 의미로 쓰이면 앞말과 붙여 써요.

 바르게 따라 써 보세요.

지	금		가	는		데	가		어	디
지	금		가	는		데	가		어	디
예	요	?								
예	요	?								

 아래 칸에 맞춰 써 보세요.

가는 데가 어디예요?

가는 데가 어디예요?

이럴 때 이렇게!

· 다른 것은 신경 쓰지 말고 열심히 공부하는 데 집중하자.

· 산을 올라가는데 갑자기 비가 내렸습니다.

23 동안 : 일주일 동안(O) 일주일동안(X)

'동안'은 어느 한때에서 다른 한때까지의 기간을 나타내며 앞말과 띄어 씁니다.
'일 년 동안', '며칠 동안', '방학 동안', '1시간 동안' 등으로 써요.

비슷한 표현 사전에 한 단어로 올라 있는 '오랫동안', '그동안'은 붙여 씁니다.

 바르게 따라 써 보세요.

가	족	들	과		일	주	일		동	안 ∨
가	족	들	과		일	주	일		동	안

여	행	을		다	녀	왔	어	요	.
여	행	을		다	녀	왔	어	요	.

아래 칸에 맞춰 써 보세요.

일주일 동안

일주일 동안

이럴 때 이렇게!

· 내가 잠자는 동안 새싹이 조금씩 자랐나 봐요.

· 한 달 동안 시골에 있는 할머니 댁에 다녀왔습니다.

24 듯 : 할 듯(○) 할듯(✕)

'듯'은 '듯이'가 줄어든 말로 띄어 써요.
'좋을 듯', '손에 잡힐 듯', '비가 올 듯'처럼 씁니다.

 바르게 따라 써 보세요.

친	구	는		말	을		할		듯	
친	구	는		말	을		할		듯	

말		듯		머	뭇	거	렸	다	.	
말		듯		머	뭇	거	렸	다	.	

 아래 칸에 맞춰 써 보세요.

할 듯 말 듯
할 듯 말 듯

이럴 때 이렇게!

· 차들은 서로 닿을 듯 말 듯 아슬아슬하게 비켜 갔다.

· 알 듯 말 듯 헷갈리는 우리말을 정리해 보자.

25 때 : 공부할 때(O) 공부할때(X)

'때'는 시간의 어떤 순간이나 일정한 일이 일어나는 시간을 말하며
앞말과 띄어 써요. '웃을 때', '있을 때', '장마 때', '저녁 때' 등으로 씁니다.

 바르게 따라 써 보세요.

공	부	할		때	는		자	세	를	
공	부	할		때	는		자	세	를	

바	르	게		합	니	다	.			
바	르	게		합	니	다	.			

 아래 칸에 맞춰 써 보세요.

공부할 때는 바르게
공부할 때는 바르게

이럴 때 이렇게!

- 저녁 때가 되자 하늘이 붉게 물들었어요.
- 너는 웃을 때가 제일 예쁜단다.

26 때문에 : 나 때문에(O) 나때문에(X)

'때문에'는 어떤 일의 원인이나 까닭을 나타내며
앞말과 띄어 써야 해요.

 바르게 따라 써 보세요.

나		때	문	에		네	가		고	생
나		때	문	에		네	가		고	생

하	는	구	나	.
하	는	구	나	.

 아래 칸에 맞춰 써 보세요.

나 때문에 고생한다.

나 때문에 고생한다.

이럴 때 이렇게!

· 폭설 때문에 마을로 들어가는 길이 끊겼다.

· 저 가게는 친절하기 때문에 자주 가게 됩니다.

27 -라고 : "네."라고(O) "네." 라고(X)

'-라고'는 큰따옴표로 묶는 직접 인용문 뒤에 붙여 쓰며,
'-고'는 간접 인용문 뒤에서 붙여 써요. 예를 들면 다음과 같아요.
"내일 오겠다."라고 말했다. / 내일 오겠다고 말했다.

 바르게 따라 써 보세요.

	"	네	.	"	라	고		대	답	했	습	니
	"	네	.	"	라	고		대	답	했	습	니
다	.											
다	.											

 아래 칸에 맞춰 써 보세요.

"네."라고 대답했다.

"네."라고 대답했다.

이럴 때 이렇게!

· 아이에게 "무엇이 궁금하니?"라고 물었다.

· 아이에게 무엇이 궁금하냐고 물었다.

28 마다 : 사람마다(○) 사람 마다(✕)

'마다'는 '낱낱이 모두'라는 뜻으로 앞말에 붙여서 써요.
'아침마다', '사람마다'처럼 씁니다.

 바르게 따라 써 보세요.

| 사 | 람 | 마 | 다 | | 잘 | 하 | 는 | | 것 | 이 | ∨ |

| 사 | 람 | 마 | 다 | | 잘 | 하 | 는 | | 것 | 이 | |

| 달 | 라 | 요 | . |

| 달 | 라 | 요 | . |

 아래 칸에 맞춰 써 보세요.

사람마다 다르다.

사람마다 다르다.

이럴 때 이렇게!

· 골목길마다 예쁜 꽃이 피었습니다.

· 우리 아빠는 아침마다 미숫가루를 드십니다.

29 만 : 공부만(○) 공부 만(X)

'나만 시킨다', '공부만 한다', '노래만 부른다'처럼 '만'은 붙여 쓰고,
'일주일 만에'처럼 시간을 나타내는 말 뒤에서는 띄어 써요.

 바르게 따라 써 보세요.

엄	마	는		공	부	만		하	라	고	✓
엄	마	는		공	부	만		하	라	고	

하	신	다	.
하	신	다	.

 아래 칸에 맞춰 써 보세요.

공부만 하라고 한다.

공부만 하라고 한다.

이럴 때 이렇게!

· 하루 종일 공부만 하는 우리 형
· 여행을 떠난 삼촌이 삼 년 만에 돌아오셨다.

30 만큼 : 너만큼(O) 너 만큼(X)

'하늘만큼', '나만큼', '그것만큼'처럼 '만큼'은 붙여 씁니다.
단, '하는 만큼', '들릴 만큼'처럼 앞말이 '-ㄴ'이나 '-ㄹ'로 끝나면
띄어 써야 해요.

 바르게 따라 써 보세요.

나	는		너	만	큼		잘	할		수 ∨
나	는		너	만	큼		잘	할		수

있	어	.
있	어	.

아래 칸에 맞춰 써 보세요.

나도 너만큼

나도 너만큼

이럴 때 이렇게!

· 내 친구만큼 착한 사람은 보지 못했다.

· 아는 만큼 보입니다.

31 말고 : 그렇고말고(○) 그렇고 말고(X)

'말고'는 뜻을 강조할 때는 붙여 쓰고, '아니고'의 뜻일 때는 띄어 써요.
'먹고말고', '좋고말고', '이것 말고', '가지 말고' 등으로 씁니다.

👧 **바르게 따라 써 보세요.**

네		말	이		맞	아	.	아	무	렴	∨
네		말	이		맞	아	.	아	무	렴	

그	렇	고	말	고	.						
그	렇	고	말	고	.						

👦 **아래 칸에 맞춰 써 보세요.**

아무렴 그렇고말고.

아무렴 그렇고말고.

이럴 때 이렇게!

· 누구 부탁인데 들어주고말고!

· 울지 말고 똑바로 이야기해 보렴.

32 맨 : 맨 처음(○) 맨처음(✗)

'맨'은 가장 처음이라는 뜻으로 앞말과 띄어 써요.
'맨 먼저', '맨 뒤', '맨 끝'처럼 씁니다.

 바르게 따라 써 보세요.

맨		처	음	으	로		생	각	나	는 ∨
맨		처	음	으	로		생	각	나	는

사	람	이		누	구	니	?
사	람	이		누	구	니	?

 아래 칸에 맞춰 써 보세요.

맨 처음 생각나는 사람

맨 처음 생각나는 사람

이럴 때 이렇게!

· 가장 재미있는 장면은 맨 처음에 나옵니다.

· 최선을 다해 뛰었지만 맨 끝으로 골인했다.

33 머리 : 단발머리(○) 단발 머리(✗)

머리 모양을 뜻하는 '단발머리', '갈래머리', '파마머리' 등은 붙여 씁니다.
그 밖에 '흰머리', '우두머리', '끄트머리' 등도 한 단어로 붙여 써요.

 바르게 따라 써 보세요.

친	구	의		단	발	머	리	가		찰
친	구	의		단	발	머	리	가		찰

랑	거	렸	다	.
랑	거	렸	다	.

 아래 칸에 맞춰 써 보세요.

친구의 단발머리

친구의 단발머리

이럴 때 이렇게!

· 내 동생은 예쁘게 갈래머리를 땋았습니다.

· 아빠의 흰머리를 뽑아 드리고 용돈을 받았어요.

34 몇 : 몇 명(O) 몇명(X)

'몇'은 수를 물을 때 쓰는 말로 뒷말과 띄어 써요.
'몇 명', '몇 개', '몇 살' 등으로 씁니다.

비슷한 표현 그달의 몇째 되는 날을 뜻하는 말은 '며칠'이 맞고, '몇 일'은 틀린 표현이에요.

 바르게 따라 써 보세요.

오	늘		모	임	에		몇		명	이 ∨
오	늘		모	임	에		몇		명	이

오	기	로		했	지	?
오	기	로		했	지	?

 아래 칸에 맞춰 써 보세요.

몇 명이 오기로 했지?
몇 명이 오기로 했지?

이럴 때 이렇게!

· 너희 반 친구들은 모두 **몇 명**이니?

· 올해 **몇 살**이니?

35 밖에 : 나밖에(O) 나 밖에(X)

'밖에'가 '그것 말고는', '그것 이외에는'의 뜻을 가지고 있으면 붙여 써요.
'난 너밖에 없어.', '공부밖에 모르는 친구'처럼 씁니다.

비슷한 표현 '건물 밖에'처럼 '바깥'을 뜻할 때는 띄어 씁니다.

 바르게 따라 써 보세요.

	"	지	금		갈		수		있	는	
	"	지	금		갈		수		있	는	
사	람	은		나	밖	에		없	다	.	"
사	람	은		나	밖	에		없	다	.	"

아래 칸에 맞춰 써 보세요.

나밖에 없다.

나밖에 없다.

이럴 때 이렇게!

· 피아노를 칠 수 있는 사람은 나밖에 없다.

· 우리 아빠는 운동밖에 모르신다.

36 밤 : 어젯밤(○) 어젯 밤(X)

'어젯밤'은 한 단어로 인정되어 붙여 쓰지만,
'오늘 밤'은 '오늘'과 '밤'이 각각의 단어로 띄어 써요.

 바르게 따라 써 보세요.

어	젯	밤	에		늦	게	까	지		잠
어	젯	밤	에		늦	게	까	지		잠

을		못		잤	어	요	.
을		못		잤	어	요	.

 아래 칸에 맞춰 써 보세요.

어젯밤에 잠을 못 잤다.

어젯밤에 잠을 못 잤다.

이럴 때 이렇게!

- 어젯밤 꿈속에서 마법의 양탄자를 타고 날아다녔어요.
- 오늘 밤부터 시험 공부를 시작할 거야!

37 번째 : 첫 번째(O) 첫번째(X)

'번째' 차례나 횟수를 나타내는 말로 앞말과 띄어 씁니다.

'첫 번째', '두 번째', '여섯 번째', '열두 번째' 등으로 쓰면 돼요.

비슷한 표현 '한 번', '두 번'처럼 차례를 나타낼 때는 띄어 쓰고, '한번 해 봐라'처럼 시험 삼아 해 본다는 뜻일 때는 붙여 써요.

바르게 따라 써 보세요.

나	의		첫		번	째		일	기	장
나	의		첫		번	째		일	기	장

입	니	다	.							
입	니	다	.							

아래 칸에 맞춰 써 보세요.

첫 번째 일기장

첫 번째 일기장

이럴 때 이렇게!

· 이번 경기에서 나는 여섯 번째 선수로 출전하게 되었습니다.

· 누가 이기는지 한번 해 보자!

38 보다 : 친구보다(O) 친구 보다(X)

'보다'는 서로 차이가 있는 것을 비교하는 경우에 붙여 씁니다.
'나보다', '누구보다'처럼 쓰면 됩니다.

 바르게 따라 써 보세요.

나	는		친	구	보	다		달	리	기
나	는		친	구	보	다		달	리	기

를		잘	한	다	.					
를		잘	한	다	.					

 아래 칸에 맞춰 써 보세요.

친구보다 잘한다.
친구보다 잘한다.

이럴 때 이렇게!

- 당연히 동생보다 내가 더 힘이 세지요.
- 무엇보다 내일 있을 시험이 걱정됩니다.

39 부터 : 지금부터(O) 지금 부터(X)

'부터'는 '처럼', '까지'와 같이 앞에 있는 말을 돕는 토씨로
앞말에 붙여 쓰고 뒷말과는 띄어 씁니다.

 바르게 따라 써 보세요.

바	로		지	금	부	터		시	작	이
바	로		지	금	부	터		시	작	이
야	.									
야	.									

 아래 칸에 맞춰 써 보세요.

지금부터 시작이다.

지금부터 시작이다.

이럴 때 이렇게!

· 지금부터 내가 하는 말을 잘 들어라.

· 하고 싶은 일을 하려면, 지금부터 준비해야 해.

40 뻔하다 : 빠질 뻔하다(O) 빠질뻔하다(X)

'뻔하다', '만하다', '듯하다'는 모두 한 단어로 붙여 쓰고 앞말과는 띄어 써요.
'떨어질 뻔하다', '참을 만하다', '어려운 듯하다' 등으로 씁니다.

 바르게 따라 써 보세요.

발	을		헛	디	뎌		물	에		빠
발	을		헛	디	뎌		물	에		빠

질		뻔	했	어	.
질		뻔	했	어	.

 아래 칸에 맞춰 써 보세요.

물에 빠질 뻔했다.

물에 빠질 뻔했다.

이럴 때 이렇게!

· 하마터면 수첩을 잃어버릴 뻔했어.

· 강변을 따라 예쁘게 꾸며진 산책길도 걸을 만합니다.

41 뿐 : 너뿐이다(O) 너 뿐이다(X)

'너뿐이다', '한 개뿐이다'처럼 '뿐'은 붙여 씁니다.
단, '놀기만 할 뿐', '공부할 뿐만 아니라'처럼 앞말이 '-ㄹ'로 끝나면 띄어 써야 해요.

 바르게 따라 써 보세요.

내	가		좋	아	하	는		사	람	은	∨
내	가		좋	아	하	는		사	람	은	

너	뿐	이	야	.							
너	뿐	이	야	.							

 아래 칸에 맞춰 써 보세요.

좋아하는 사람은 너뿐이다.

좋아하는 사람은 너뿐이다.

이럴 때 이렇게!

· 남아 있는 사탕은 이제 딱 한 개뿐이야.

· 내 친구는 나와 조금 다를 뿐이다.

42 상 : 지구 상(O) 지구상(X)

'상'은 구체적인 공간에서 위치를 나타낼 때는 띄어 쓰고,
추상적인 공간에서 위치를 나타낼 때는 붙여 씁니다.
'지구 상', '도로 상', '인터넷상', '통신상' 등으로 적습니다.

 바르게 따라 써 보세요.

지	구		상	에	서		가	장		추
지	구		상	에	서		가	장		추

운		곳	은		어	디	일	까	?
운		곳	은		어	디	일	까	?

 아래 칸에 맞춰 써 보세요.

지구 상에서 가장 추운 곳

지구 상에서 가장 추운 곳

이럴 때 이렇게!

· 고속도로 상에서 일어날 수 있는 사고를 미리 방지합니다.

· 확실하지 않은 이야기가 인터넷상에서 떠돌고 있다.

43 새 : 새 책(○) 새책(✗)

'새'는 '처음 마련하거나 다시 생겨난'이란 뜻이며,
뒤에 오는 말을 꾸며 주는 말로 띄어 써요.

비슷한 표현 '헌 책', '헌 옷'도 뒷말과 띄어 씁니다.

 바르게 따라 써 보세요.

개	학		날	부	터		새		책	으
개	학		날	부	터		새		책	으

로		공	부	했	습	니	다	.
로		공	부	했	습	니	다	.

 아래 칸에 맞춰 써 보세요.

새 책으로 공부했다.

새 책으로 공부했다.

이럴 때 이렇게!

· 오늘은 새 신발을 신고 등교했습니다.

· 우리 동네에 헌 책방이 생겼다.

44 색 : 빨간색(○) 빨간 색(✕)

빛깔 이름은 '빨간색', '검은색', '노란색' 등으로 사전에 등재되어 있으면 붙여 쓰고,
'핑크 색', '오렌지 색', '검붉은 색'처럼 사전에 등재되지 않은 말은 띄어 써요.

비슷한 표현 색을 나타내는 '보랏빛', '우윳빛', '장밋빛'은 사이시옷을 적어야 해요.

 바르게 따라 써 보세요.

나	는		빨	간	색	과		분	홍	색
나	는		빨	간	색	과		분	홍	색

을		좋	아	해	요	.				
을		좋	아	해	요	.				

 아래 칸에 맞춰 써 보세요.

빨간색과 분홍색

빨간색과 분홍색

이럴 때 이렇게!

• 하늘은 왜 파란색일까?

• 예쁜 오렌지 색 티셔츠가 정말 마음에 들어요.

45 수 : 볼 수 있다(○) 볼수 있다(X)

'수'는 항상 앞말과 띄어 써야 해요.
'할 수 있다', '그럴 수도 있지' 등으로 씁니다.

 바르게 따라 써 보세요.

| 산 | 에 | | 오 | 르 | 면 | | 멀 | 리 | 까 | 지 | ∨ |

| 산 | 에 | | 오 | 르 | 면 | | 멀 | 리 | 까 | 지 |

| 볼 | | 수 | | 있 | 어 | . |

| 볼 | | 수 | | 있 | 어 | . |

 아래 칸에 맞춰 써 보세요.

멀리까지 볼 수 있어.

멀리까지 볼 수 있어.

이럴 때 이렇게!

· 마음을 열면 눈을 감아도 볼 수 있습니다.
· 이제는 혼자서도 할 수 있어요.

46 식 : 서양식(O) 서양식(X)

'식'은 사물의 이름을 나타내는 명사 뒤에서 '방식'을 뜻하면 붙여 쓰고,
구절 다음에 오거나 앞말을 꾸며 줄 때는 띄어 써요.
'동양식', '계단식', '고정식', '울며 겨자 먹기 식으로', '그런 식으로'처럼 씁니다.

 바르게 따라 써 보세요.

잔	칫	상	을		서	양	식		상	차
잔	칫	상	을		서	양	식		상	차

림	으	로		준	비	했	습	니	다	.
림	으	로		준	비	했	습	니	다	.

 아래 칸에 맞춰 써 보세요.

서양식 상차림

서양식 상차림

이럴 때 이렇게!

· 이 지역은 계단식 논으로 유명합니다.
· 계속 그런 식으로 게으름을 피우다가는 오디션에서 떨어질 거야.

47 −어하다 : 즐거워하다(○) 즐거워 하다(X)

'−어하다'는 '예뻐하다', '슬퍼하다', '싫어하다'처럼 붙여 써요.
단, '먹고 싶어 하다', '마음에 들어 하다'처럼 구절 뒤에서는 띄어 씁니다.

비슷한 표현 '−어지다'도 '예뻐지다', '슬퍼지다', '싫어지다' 처럼 붙여 씁니다.

 바르게 따라 써 보세요.

노	래	를		들	으	며		즐	거	워
노	래	를		들	으	며		즐	거	워
했	습	니	다	.						
했	습	니	다	.						

 아래 칸에 맞춰 써 보세요.

즐거워했다.
즐거워했다.

이럴 때 이렇게!

· 이모는 나를 누구보다도 예뻐했어요.
· 할머니는 오늘 유난히 팥죽을 먹고 싶어 하셨어요.

48 왜냐하면 : 왜냐하면(○) 왜냐 하면(✗)

'왜냐하면'은 '왜 그러냐 하면'이 줄어든 말이에요.
하나의 단어로 굳어진 말로 붙여 씁니다.

 바르게 따라 써 보세요.

난		슬	퍼	.	왜	냐	하	면		네
난		슬	퍼	.	왜	냐	하	면		네

가		없	기		때	문	이	야	.
가		없	기		때	문	이	야	.

 아래 칸에 맞춰 써 보세요.

왜냐하면 네가 없기 때문이야.

왜냐하면 네가 없기 때문이야.

이럴 때 이렇게!

· 딸기가 좋다. 왜냐하면 새콤달콤 맛있기 때문이다.

· 민정이와 제일 친해요. 왜냐하면 우리는 생각이 비슷하거든요.

49 우리 : 우리 학교(O) / 우리학교(X)

'우리'는 뒷말과 띄어 쓰며, '우리 가족', '우리 학교', '우리 선생님'처럼 씁니다.
단, '우리나라', '우리말'처럼 한 단어인 경우는 붙여 써요.

 바르게 따라 써 보세요.

우	리		학	교	에	는		축	구	팀
우	리		학	교	에	는		축	구	팀

이		있	어	요	.
이		있	어	요	.

 아래 칸에 맞춰 써 보세요.

우리 학교의 축구팀
우리 학교의 축구팀

이럴 때 이렇게!

· 우리 학교 운동장은 아주 넓습니다.

· 무궁화는 우리나라의 국화입니다.

50 전 : 전 세계(○) 전세계(✕)

'전'은 '모든, 전체'의 뜻으로 뒤에 오는 말과 띄어 써요.
'전 국민', '전 학생', '전 10권' 등으로 씁니다.

 바르게 따라 써 보세요.

전		세	계	에		우	리		문	화

재	의		우	수	성	을		알	려	요.

 아래 칸에 맞춰 써 보세요.

전 세계에 알린다.

전 세계에 알린다.

이럴 때 이렇게!

· 전 세계를 상대로 무역을 합니다.
· 전 국민이 한마음으로 목소리를 높였어요.

51 전, 후 : 며칠 전(O) 며칠전(X)

'전'은 이전을 뜻하는 말이며, '후'는 뒤나 다음을 뜻해요.
둘 다 앞말과 띄어 씁니다.
'하기 전', '먹기 전', '한 후', '먹은 후' 등으로 써요.

 바르게 따라 써 보세요.

며	칠		전	에		한		약	속	을	✓
며	칠		전	에		한		약	속	을	

잊	어	버	렸	어	요	.					
잊	어	버	렸	어	요	.					

 아래 칸에 맞춰 써 보세요.

며칠 전에 한 약속

며칠 전에 한 약속

이럴 때 이렇게!

• 점심을 먹기 전에 물을 한 잔 마셨다.

• 학교에서 돌아와 숙제를 한 후, 텔레비전을 보았습니다.

52 제 : 제1회(○) 제 1회(X)

'제'는 숫자에 해당하는 차례를 나타내며 숫자와 붙여 써야 해요.
'제3회 ○○초등학교 졸업식', '제1권' 등으로 씁니다.

 바르게 따라 써 보세요.

제	1	회		어	린	이		독	후	감	∨
제	1	회		어	린	이		독	후	감	

대	회	를		열	겠	습	니	다	.
대	회	를		열	겠	습	니	다	.

 아래 칸에 맞춰 써 보세요.

제1회 어린이 독후감 대회

제1회 어린이 독후감 대회

이럴 때 이렇게!

· 지금부터 제24회 미래 초등학교 입학식을 시작하겠습니다.

· 해리포터 제1편을 보러 영화관에 갔습니다.

53 좀 더 : 좀 더(O) 좀더(X)

'좀 더'에서 '좀'과 '더'가 각각의 단어로 띄어 씀이 원칙입니다.

단, '좀 더 큰 것'처럼 한 자씩 띄어 쓸 때는 '좀더 큰것'으로도 쓸 수 있습니다.

비슷한 표현 '더 이상', '한 번 더' 또한 띄어쓰기에 주의하세요.

 바르게 따라 써 보세요.

좀		더	신	중	하	게		생	각
좀		더	신	중	하	게		생	각

하	고		결	정	하	거	라	.
하	고		결	정	하	거	라	.

 아래 칸에 맞춰 써 보세요.

좀 더 신중하게
좀 더 신중하게

이럴 때 이렇게!

· 샤워를 할 때는 좀 더 깨끗이 씻도록 하렴.

· 피아노를 좀 더 쉽게 배울 수 있게 도와준다.

54 줄 : 하는 줄(O) 하는줄(X)

'줄'은 어떤 방법, 일의 내용을 나타내는 말이며 앞말과 띄어 씁니다.
'할 줄 몰랐다', '하는 줄 알고'처럼 쓰여요.

 바르게 따라 써 보세요.

오	늘		체	육	을		하	는		줄 ∨
오	늘		체	육	을		하	는		줄

몰	랐	다	.							
몰	랐	다	.							

 아래 칸에 맞춰 써 보세요.

하는 줄 몰랐다.
하는 줄 몰랐다.

이럴 때 이렇게!

· 네가 유찬이를 좋아하는 줄 몰랐어!

· 네가 그렇게 말할 줄 몰랐다.

55 중 : 수업 중(O) 수업중(X)

'중'은 '여럿 가운데', '무엇을 하는 동안'이라는 뜻으로 앞말과 띄어 써요.
'너희 중 한 명', '사람들 중에', '수업 중', '통화 중'처럼 띄어 씁니다.

 '한밤중'은 하나의 단어로 붙여 씁니다.

 바르게 따라 써 보세요.

교	실	에	서		수	업		중	에	
교	실	에	서		수	업		중	에	
떠	들	면		안		돼	!			
떠	들	면		안		돼	!			

아래 칸에 맞춰 써 보세요.

수업 중에 떠들면 안 돼!

수업 중에 떠들면 안 돼!

이럴 때 이렇게!

· 여기 있는 사람들 중에 농구를 하고 싶은 사람은 손을 드세요.

· 지금은 통화 중이니까 잠시 후에 이야기합시다.

56 지 : 만난 지(O) 만난지(X)

'지' 뒤에 시간을 나타내는 말이 오면 띄어 씁니다.
'떠난 지도 1년이 되었다', '시작한 지 며칠 안 되었다'처럼 써요.

 바르게 따라 써 보세요.

태	권	도	를		배	운		지		1
태	권	도	를		배	운		지		1

년	이		되	었	다	.
년	이		되	었	다	.

 아래 칸에 맞춰 써 보세요.

배운 지 1년이 되었다.

배운 지 1년이 되었다.

이럴 때 이렇게!

· 이 학교에 다닌 지 벌써 3년이 지났다.

· 서울로 올라온 지 10년이라는 세월이 흘렀다.

57 처럼 : 새처럼(○) 새 처럼(✗)

'처럼, 까지, 부터, 커녕'과 같은 토씨는 앞말에 붙여 쓰고,
뒷말과는 띄어 씁니다.

 바르게 따라 써 보세요.

새	처	럼		하	늘		높	이		날
새	처	럼		하	늘		높	이		날

고		싶	어	요	.					
고		싶	어	요	.					

 아래 칸에 맞춰 써 보세요.

새처럼 날고 싶다.

새처럼 날고 싶다.

이럴 때 이렇게!

· 동생은 신이 났는지 토끼처럼 깡충깡충 뛰어다녔어요.

· 우리는 도둑처럼 살금살금 창고 안으로 숨어들었다.

58 텐데 : 할 텐데(O) 할텐데(X)

'텐데'는 '터인데'가 줄어든 말로 앞말과 띄어 써야 해요.
'해야 할 텐데', '좋을 텐데', '힘들 텐데'처럼 씁니다.

 바르게 따라 써 보세요.

일	이		잘		돼	야		할		텐
일	이		잘		돼	야		할		텐

데		걱	정	이	다	.				
데		걱	정	이	다	.				

 아래 칸에 맞춰 써 보세요.

잘 돼야 할 텐데

잘 돼야 할 텐데

이럴 때 이렇게!

· 내가 끓인 미역국이 맛이 있어야 할 텐데!

· 혼자서 모두 하려면 힘들 텐데 괜찮겠니?

59 하나둘 : 하나둘(O) 하나 둘(X)

'하나둘'은 하나나 둘쯤 되는 수를 말하며 한 단어로 붙여 써요.
뒤에 '씩'이 붙어도 '하나둘씩'으로 붙여 씁니다.

 바르게 따라 써 보세요.

| 어 | 두 | 워 | 지 | 자 | | 가 | 로 | 등 | 이 | |

| 어 | 두 | 워 | 지 | 자 | | 가 | 로 | 등 | 이 | |

| | | | | | | | | | | |

| 하 | 나 | 둘 | | 불 | 을 | | 밝 | 혔 | 다 | . |

| 하 | 나 | 둘 | | 불 | 을 | | 밝 | 혔 | 다 | . |

| | | | | | | | | | | |

 아래 칸에 맞춰 써 보세요.

하나둘 불을 밝혔다.

하나둘 불을 밝혔다.

이럴 때 이렇게!

- 감추었던 비밀이 하나둘 드러나기 시작합니다.
- 날이 어두워지자 친구들은 하나둘씩 집으로 돌아갔다.

60 -하다 : 공부하다(○) 공부 하다(X)

'-하다'는 앞말에 붙어서 하나의 단어가 될 경우 붙여 씁니다.
'공부하다', '노래하다'처럼 사전에 나오는 한 단어는 모두 붙여 써요.

비슷한 표현 '-이다'도 '학생이다', '선생님이다' 등으로 앞말에 붙여 씁니다.

 바르게 따라 써 보세요.

오	늘	은		도	서	관	에	서		열
오	늘	은		도	서	관	에	서		열

심	히		공	부	했	습	니	다	.
심	히		공	부	했	습	니	다	.

 아래 칸에 맞춰 써 보세요.

열심히 공부했다.

열심히 공부했다.

이럴 때 이렇게!

· 오디션에 합격하기 위해서 최선을 다해 노래했습니다.

· 우리는 아직 학생입니다.

61 하루 종일 : 하루 종일(○) 하루종일(✗)

'하루 종일'의 '하루'와 '종일'은 각각의 단어로 보고
사전에 한 단어로 올라와 있지 않으므로 띄어 씁니다.

비슷한 표현 '온종일'은 한 단어로 사전에 나오므로 붙여 씁니다.

 바르게 따라 써 보세요.

하	루		종	일		집	에	서		공
하	루		종	일		집	에	서		공

부	만		했	다	.					
부	만		했	다	.					

아래 칸에 맞춰 써 보세요.

하루 종일 공부만 했다.

하루 종일 공부만 했다.

이럴 때 이렇게!

· 하루 종일 굶었더니 머리가 어지럽다.

· 새로 문을 연 가게는 하루 종일 음악을 크게 틀었습니다.

62 해 질 녘 : 해 질 녘(○) 해질녘(✗)

'해 질 녘'은 '해가 질'과 '녘'이 쓰여 한 단어로 보지 않고 각각 띄어 씁니다.
'해 뜰 녘' 역시 띄어 써야 해요.

비슷한 표현 '새벽녘', '동녘'은 한 단어로 보고 붙여 씁니다.

 바르게 따라 써 보세요.

나	는		해		질		녁	이		되
나	는		해		질		녁	이		되

어	서	야		집	에		돌	아	왔	다.
어	서	야		집	에		돌	아	왔	다.

 아래 칸에 맞춰 써 보세요.

해 질 녘에 돌아왔다.

해 질 녘에 돌아왔다.

이럴 때 이렇게!

- 아주머니는 해 질 녘에 우리 집을 찾아오셨다.
- 마을 앞에서 열리는 작은 콘서트는 해 질 녘이 되어서야 시작했다.

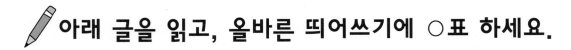
✏️ **아래 글을 읽고, 올바른 띄어쓰기에 ○표 하세요.**

1. (친구간 / 친구 간)에 사이가 정말 좋구나!

2. 누가 뭐래도 나는 오늘 영화관에 (갈거야 / 갈 거야).

3. 저 자전거는 (내 것이에요 / 내것이에요).

4. (그동안 / 그 동안) 감기로 아팠다더니

　　많이 야위었구나.

5. (수업중 / 수업 중)에 떠들어서 선생님께

　　혼났습니다.

6. 내가 (맨 먼저 / 맨먼저) 발표를 할게요.

7. 아빠는 (어젯 밤 / 어젯밤)에 붕어빵을 사 오셨습니다.

8. 나는 누구보다도 멀리 (뛸 수 있어요 / 뛸수 있어요).

9. 엄마는 시험을 잘 치르면 게임기를 사 주기로

　　(며칠 전 / 며칠전)에 약속하셨다.

10. 어려운 문제는 포기하지 말고 (좀 더 / 좀더) 생각해 보자.

정답

9. 며칠 전 10. 좀 더

1. 친구 간 2. 갈 거야 3. 내 것이에요 4. 그동안 5. 수업 중 6. 맨 먼저 7. 어젯밤 8. 뛸 수 있어요

3장

틀리기 쉬운 외래어

전 세계의 소통이 자유로워지면서 외국에서 들어오는 말이 많아졌어요.

외래어도 '외래어 표기법'에 따라 일정한 기준으로

적도록 규정하고 있습니다.

이 장에는 틀리기 쉬운 외래어에 대해 소개했습니다.

63 가스레인지(O) 가스렌지(X)

'gas range'는 '가스레인지'로 적습니다.
'가스렌지', '개스레인지'로 쓰지 않도록 주의하세요.

 바르게 따라 써 보세요.

가	스	레	인	지	에		냄	비	를	
가	스	레	인	지	에		냄	비	를	

올	려	놓	고		국	을		끓	여	요.
올	려	놓	고		국	을		끓	여	요.

 아래 칸에 맞춰 써 보세요.

가스레인지에 국을 끓인다.

가스레인지에 국을 끓인다.

64 게임(O) 개임(X)

'game'은 '게임'으로 씁니다. '개임', '께임'은 틀린 표현이에요.
'컴퓨터 게임', '퍼즐 게임' 등으로 적습니다.

 바르게 따라 써 보세요.

컴	퓨	터		게	임	은		하	루	에	✔
컴	퓨	터		게	임	은		하	루	에	

한		시	간	씩	만		한	다	.		
한		시	간	씩	만		한	다	.		

 아래 칸에 맞춰 써 보세요.

컴퓨터 게임을 한다.

컴퓨터 게임을 한다.

이럴 때 이렇게!

· 나는 게임 기획자가 되는 것이 꿈이야!

· 질 것 같은 게임은 애초에 시작도 하지 않는다.

65 돈가스(O) 돈까스(X)

돈가스는 일본어에서 온 것으로, 일본 사람들은 돈가스를 가리키는
'포크커틀릿'을 발음하기 힘들어 돼지 '돈(豚)'자를 써서 '돈가스레스'라 불렀어요.
돈가스레스가 우리나라에서 다시 '돈가스'로 바뀌었어요.

 바르게 따라 써 보세요.

오	늘	은		맛	있	는		돈	가	스
오	늘	은		맛	있	는		돈	가	스
를		먹	으	러		가	자	.		
를		먹	으	러		가	자	.		

 아래 칸에 맞춰 써 보세요.

돈가스를 먹다.

돈가스를 먹다.

66 디지털(O) 디지탈(X)

'digital'은 '디지털'로 쓰며, '디지탈'로 적지 않도록 주의하세요.
디지털은 모든 정보를 숫자로 기억해서 처리하는 시스템을 말하며,
'디지털 시계', '디지털 카메라', '디지털 피아노' 등으로 씁니다.

 바르게 따라 써 보세요.

생	일		선	물	로		디	지	털	
생	일		선	물	로		디	지	털	

시	계	를		받	았	습	니	다	.
시	계	를		받	았	습	니	다	.

 아래 칸에 맞춰 써 보세요.

디지털 시계를 선물 받았다.
디지털 시계를 선물 받았다.

이럴 때 이렇게!

· 우리 학교에서는 디지털 교과서로 수업을 합니다.

· 디지털 카메라가 인기를 끌고부터, 필름 카메라를 찾아보기 힘들어졌어요.

67 로봇(O) 로보트(X)

'robot'은 '로봇'으로 적어야 해요. 흔히 '로보트'로 쓰기 쉬우니 주의하세요.
로봇은 사람과 비슷한 형태로 만들거나, 산업용으로 자동 조작을 위한
기계 장치로 만들기도 해요.

 바르게 따라 써 보세요.

나	는		장	난	감		로	봇	을	
나	는		장	난	감		로	봇	을	

사		달	라	고		졸	랐	다	.	
사		달	라	고		졸	랐	다	.	

 아래 칸에 맞춰 써 보세요.

장난감 로봇을 사 달라고 졸랐다.

장난감 로봇을 사 달라고 졸랐다.

이럴 때 이렇게!

· 로봇은 우리 생활을 더욱 편리하게 해 준다.
· 새로 나온 장난감 로봇을 사려고 용돈을 모으고 있다.

68 리더십(O) 리더쉽(X)

'leadership'은 외래어 표기법에 따라 '리더십'으로 써야 해요.
리더십은 무리를 이끄는 지도자의 능력으로 '지도력', '통솔력'으로
순화해서 쓸 수 있어요.

 바르게 따라 써 보세요.

반	장	은		리	더	십	이		필	요
반	장	은		리	더	십	이		필	요
하	다	.								
하	다	.								

 아래 칸에 맞춰 써 보세요.

리더십이 필요하다.

리더십이 필요하다.

이럴 때 이렇게!

- 팀장은 강한 리더십을 발휘해 팀별 과제를 성공적으로 이끌었다.
- 대통령이 되고 싶다면 먼저 리더십을 길러야 한다.

69 마니아(O) 매니아(X)

'mania'는 '마니아'로 적어요. '매니아'라고도 흔히 쓰는데 잘못된 표기예요.
마니아는 어떤 한 가지 일에 열중하고, 그 분야에 해박한 지식을
가지고 있는 사람을 말해요.

 바르게 따라 써 보세요.

아	빠	는		달	리	기	를		좋	아
아	빠	는		달	리	기	를		좋	아

하	는		운	동		마	니	아	예	요.
하	는		운	동		마	니	아	예	요.

 아래 칸에 맞춰 써 보세요.

아빠는 운동 마니아

아빠는 운동 마니아

이럴 때 이렇게!

· 떡볶이 마니아들이 모여 동호회를 만들었어요.

· 다음 주 일요일에 이곳에서 클래식 마니아를 위한 공연이 열린다.

70 바비큐(○) 바베큐(✗)

'barbecue'는 '바비큐'라고 씁니다.
'바베큐'로 잘못 쓰기 쉬우니 주의하세요.
바비큐는 돼지나 소 등을 통째로 불에 구운 요리를 말해요.

 바르게 따라 써 보세요.

캠	핑	을		가	서		바	비	큐	
캠	핑	을		가	서		바	비	큐	

파	티	를		해	요	.
파	티	를		해	요	.

 아래 칸에 맞춰 써 보세요.

바비큐 파티를 한다.

바비큐 파티를 한다.

이럴 때 이렇게!

· 야외 파티에서 맛있는 바비큐를 선보였다.

· 통돼지 바비큐는 익을 때까지 시간이 많이 걸렸다.

71 뷔페(O) 부페(X)

'buffet'는 프랑스 어에서 온 말로 '뷔페'라고 적습니다.
뷔페는 여러 가지 음식을 차려 놓고
손님이 직접 덜어 먹도록 한 식당을 말해요.

 바르게 따라 써 보세요.

결	혼	식	에	서		뷔	페		음	식
결	혼	식	에	서		뷔	페		음	식

을		먹	었	습	니	다	.			
을		먹	었	습	니	다	.			

 아래 칸에 맞춰 써 보세요.

뷔페 음식을 먹었다.
뷔페 음식을 먹었다.

이럴 때 이렇게!

· 경품으로 호텔 뷔페 식사권을 받았습니다.

· 뷔페에는 평소에 보지 못했던 진귀한 음식들이 가득해요.

72 블록(O) 블럭(X)

'block'은 '블록'이라고 쓰고, '블럭'은 틀린 표현이에요.
블록은 아이들이 쌓아 올리며 가지고 노는 장난감을 말해요.

비슷한 표현 길을 만들 때 쓰는 네모난 돌도 '블록'이라고 해요.

 바르게 따라 써 보세요.

누	가		먼	저		블	록	을		높
누	가		먼	저		블	록	을		높

이		쌓	는	지		내	기	하	자	.
이		쌓	는	지		내	기	하	자	.

 아래 칸에 맞춰 써 보세요.

블록을 쌓다.

블록을 쌓다.

이럴 때 이렇게!

· 블록 쌓기 놀이는 창의력을 길러 줍니다.
· 트럭은 도로를 포장하기 위한 보도블록을 한가득 실어 왔어요.

73 비스킷(O) 비스켓(X)

구운 과자를 뜻하는 'biscuit'은 '비스킷'이라고 써요.
비스킷은 프랑스 어에서 온 것으로 '비스(다시 한 번)', '퀴(굽다)'가
합쳐져서 된 말이에요. 즉 두 번 구운 음식이라는 뜻이에요.

 바르게 따라 써 보세요.

오	븐	에		구	운		비	스	킷	이 ∨
오	븐	에		구	운		비	스	킷	이

바	삭	바	삭	해	요	.
바	삭	바	삭	해	요	.

 아래 칸에 맞춰 써 보세요.

오븐에 구운 비스킷

오븐에 구운 비스킷

이럴 때 이렇게!

· 친구의 생일잔치에 갔더니 맛있는 비스킷이 가득했습니다.

· 오래된 비스킷은 눅눅해져 먹을 수 없었어요.

사이즈(O) 싸이즈(X)

'size'는 '사이즈'로 쓰고, [싸이즈]로 발음합니다.
발음 때문에 '싸이즈'로 쓰기 쉬우니 주의하세요.
사이즈는 '치수', '크기' 등 우리말로 순화해서 쓸 수 있습니다.

 바르게 따라 써 보세요.

새	로		산		옷	은		사	이	즈
새	로		산		옷	은		사	이	즈

가		딱		맞	다	.
가		딱		맞	다	.

 아래 칸에 맞춰 써 보세요.

사이즈가 맞다.

사이즈가 맞다.

이럴 때 이렇게!

· 네 신발 사이즈는 몇이니?

· 사이즈가 맞지 않는 옷을 입으면 불편해요.

75 사인(O) 싸인(X)

'sign'은 '사인'으로 씁니다.
발음 때문에 '싸인'이라 쓰는 경우가 많으니 주의하세요.

주의 외래어의 첫 소리는 된소리로 적지 않습니다.

 바르게 따라 써 보세요.

내	가		좋	아	하	는		가	수	의 ∨
내	가		좋	아	하	는		가	수	의

사	인	을		받	았	어	요	.
사	인	을		받	았	어	요	.

 아래 칸에 맞춰 써 보세요.

| 사인을 받았다. |
| 사인을 받았다. |
| |

이럴 때 이렇게!

· 요즘은 도장보다 사인을 더 많이 사용합니다.

· 민찬이와 나는 서로 약속을 지키자는 의미로 각서에 사인을 했다.

76 샌들(○) 샌달(✕)

여름에 신는 'sandal'은 '샌들'이라고 쓰고, [쌘들]로 발음해요.
'샌달', '쌘들', '쌘달'이라고 쓰지 않도록 주의하세요.

 바르게 따라 써 보세요.

여	름	이	면		맨	발	에		샌	들
여	름	이	면		맨	발	에		샌	들

을		신	어	요	.
을		신	어	요	.

 아래 칸에 맞춰 써 보세요.

샌들을 신다.
샌들을 신다.

이럴 때 이렇게!

· 새로 산 샌들을 신고 하루 종일 걸었더니 뒤꿈치가 벗겨졌다.

· 장난꾸러기 재덕이는 은영이의 샌들 한 짝을 옥수수 밭으로 던져 버렸어요.

77 서비스(O) 써비스(X)

'service'는 외래어 표기법에 따라 '서비스'로 쓰고, '써비스'는 틀린 표기입니다.
서비스는 고객의 편의를 위해 돕는 것을 말하며,
장사를 할 때 값을 깎아 주거나 덤을 준다는 뜻도 있어요.

 바르게 따라 써 보세요.

이		식	당	이		음	식		맛	은	∨
이		식	당	이		음	식		맛	은	

물	론		서	비	스	도		최	고	야	.
물	론		서	비	스	도		최	고	야	.

아래 칸에 맞춰 써 보세요.

서비스도 최고다.

서비스도 최고다.

이럴 때 이렇게!

· 이 호텔은 서비스가 좋기로 유명합니다.
· 햄버거를 시켰더니 주인아주머니는 감자튀김을 서비스로 주셨습니다.

78 센터(O) 센타(X)

'center'는 '센터'로 적습니다. 흔히 가게 이름을 '~센타'로 쓴 경우가 있으나 틀린 표기예요. 센터는 물건이나 음식, 업무 등의 이름 뒤에 붙어서 그것을 팔거나 그 일을 담당하는 곳을 나타냅니다.

 바르게 따라 써 보세요.

오	늘	은		문	화	센	터	로		강
오	늘	은		문	화	센	터	로		강

좌	를		들	으	러		가	요	.
좌	를		들	으	러		가	요	.

 아래 칸에 맞춰 써 보세요.

문화센터에 간다.

문화센터에 간다.

이럴 때 이렇게!

· 동네 주민 센터에서 아이들을 위한 발레 강습을 시작했습니다.

· 대형 쇼핑센터에서 길을 잃을 뻔했어요.

79 센티미터(O) 센치미터(X)

길이를 나타내는 'centimeter'는 '센티미터'로 적어요.
1센티미터는 1미터의 100분의 1이고, 기호로 cm로 표기합니다.
발음도 [센티미터]로 같습니다. [센치미터]로 읽지 않도록 주의하세요.

 바르게 따라 써 보세요.

작	년	에		비	해		키	가		3
작	년	에		비	해		키	가		3

센	티	미	터		자	랐	어	요	.
센	티	미	터		자	랐	어	요	.

 아래 칸에 맞춰 써 보세요.

키가 3센티미터 자랐다.

키가 3센티미터 자랐다.

이럴 때 이렇게!

· 나무를 30센티미터로 잘라 주세요.

· 종이 도안을 그릴 때는 1센티미터도 틀려서는 안 되니 주의하세요.

80 소시지(○) 소세지(X)

'sausage'는 '소시지'로 적습니다.
흔히 '소세지'로 쓰는데 틀린 표현이에요.
'비엔나소시지', '야채 소시지' 등으로 씁니다.

 바르게 따라 써 보세요.

오	늘		도	시	락		반	찬	은	
오	늘		도	시	락		반	찬	은	

소	시	지		볶	음	이	에	요	.	
소	시	지		볶	음	이	에	요	.	

 아래 칸에 맞춰 써 보세요.

도시락 반찬은 소시지 볶음

도시락 반찬은 소시지 볶음

이럴 때 이렇게!

• 소시지 야채 볶음은 내가 제일 좋아하는 반찬이다.

• 맛있는 소시지를 꼬치에 꽂아 모닥불에 구워 먹었습니다.

81 소파(O) 쇼파(X)

등받이와 팔걸이가 있는 의자인 'sofa'는 '소파'로 적습니다.
흔히 '쇼파'로 발음하고 쓰는데 틀린 표기예요.

 바르게 따라 써 보세요.

소	파	에		앉	아		텔	레	비	전
소	파	에		앉	아		텔	레	비	전

을		보	고		있	습	니	다	.
을		보	고		있	습	니	다	.

 아래 칸에 맞춰 써 보세요.

소파에 앉았다.

소파에 앉았다.

82 수프(O) 스프(X)

'soup'는 '수프'라고 써요. '스프'로 잘못 쓰지 않도록 주의하세요.
수프는 고기나 야채 등을 삶아서 낸 즙에 소금, 후추로 맛을 낸 요리예요.

 바르게 따라 써 보세요.

나	는		고	소	한		크	림	수	프
나	는		고	소	한		크	림	수	프
를		좋	아	해	요	.				
를		좋	아	해	요	.				

 아래 칸에 맞춰 써 보세요.

고소한 크림수프
고소한 크림수프

이럴 때 이렇게!

· 우선, 야채수프로 배고픔을 달래자.
· 요리사가 직접 만들어 준 브로콜리 수프의 맛은 최고였어요.

83 슈퍼마켓(O) 수퍼마켓(X)

식료품을 파는 'supermarket'은 '슈퍼마켓'으로 적습니다.
'수퍼마켓'은 틀린 표현이며, 슈퍼마켓의 줄어든 말도 '슈퍼'가 맞아요.

비슷한 표현 'superman'도 '슈퍼맨'으로 쓰며, '수퍼맨'은 틀린 표현입니다.

 바르게 따라 써 보세요.

엄	마	와		함	께		슈	퍼	마	켓
엄	마	와		함	께		슈	퍼	마	켓

에		장	을		보	러		갑	니	다.
에		장	을		보	러		갑	니	다.

 아래 칸에 맞춰 써 보세요.

슈퍼마켓에 장을 보러 간다.

슈퍼마켓에 장을 보러 간다.

이럴 때 이렇게!

· 슈퍼마켓에는 다양한 물건이 진열되어 있습니다.

· 우리 동네에 아주 큰 슈퍼마켓이 들어선다고 해요.

84 액세서리(〇) 악세사리(X)

'accessory'는 '액세서리'로 씁니다.
'악세사리', '악세서리' 등으로 잘못 쓰는 경우가 많으니 주의하세요.

 바르게 따라 써 보세요.

머	리	핀	과		브	로	치		등	을 ∨
머	리	핀	과		브	로	치		등	을

액	세	서	리	라	고		해	요	.
액	세	서	리	라	고		해	요	.

 아래 칸에 맞춰 써 보세요.

액세서리라고 한다.

액세서리라고 한다.

이럴 때 이렇게!

- 아름다운 액세서리가 모델을 더욱 돋보이게 만들었다.
- 액세서리 가게 앞에 최신 장난감 자판기가 생긴대!

85 앰뷸런스(O) 앰블란스(X)

구급차를 일컫는 'ambulance'는 '앰뷸런스'라고 써요.
흔히 '앰블란스'라고 쓰는데 잘못된 표현이에요.
'구급차'라고 우리말로 순화해서 쓸 수 있어요.

 바르게 따라 써 보세요.

사	고		현	장	에		앰	뷸	런	스
사	고		현	장	에		앰	뷸	런	스

가		달	려	갔	습	니	다	.
가		달	려	갔	습	니	다	.

 아래 칸에 맞춰 써 보세요.

앰뷸런스가 달려갔다.

앰뷸런스가 달려갔다.

이럴 때 이렇게!

· 앰뷸런스 소리가 들리자 차들은 서둘러 길을 비켰어요.

· 신고 전화를 받자마자 서둘러 앰뷸런스가 출동했어요.

86 에스컬레이터(O) 에스칼레이터(X)

'escalator'는 '에스컬레이터'라고 적습니다. '에스칼레이터'는 틀린 표현이에요.
에스컬레이터는 사람이나 물건을 위아래 층으로 오르내릴 수 있게
계단 모양으로 만든 장치를 말해요.

 바르게 따라 써 보세요.

에	스	컬	레	이	터	를		타	고	
에	스	컬	레	이	터	를		타	고	

아	래	층	으	로		내	려	갔	다	.
아	래	층	으	로		내	려	갔	다	.

 아래 칸에 맞춰 써 보세요.

| 에스컬레이터를 타고 내려갔다. |
| 에스컬레이터를 타고 내려갔다. |
| |

이럴 때 이렇게!

- 에스컬레이터를 탈 때는 손잡이를 꼭 잡고 서 있어야 합니다.
- 할아버지는 에스컬레이터에서 장난치며 뛰는 아이들에게 꾸중을 했어요.

87 에어컨(O) 에어콘(X)

에어컨은 '에어컨디셔너(air conditioner)'가 줄어든 말이에요.
여름철에 실내의 온도와 습도를 조절할 수 있는 가전제품으로, '에어컨'이 맞습니다.

비슷한 표현 리모컨도 리모트컨트롤(remote control)이 줄어든 말입니다.

 바르게 따라 써 보세요.

날	씨	가		더	운		날	에	는	
날	씨	가		더	운		날	에	는	

에	어	컨	을		켭	니	다	.		
에	어	컨	을		켭	니	다	.		

 아래 칸에 맞춰 써 보세요.

에어컨을 켠다.

에어컨을 켠다.

이럴 때 이렇게!

· 우리 가족은 에어컨 끄기 운동에 참여하고 있습니다.

· 에어컨이 켜진 가게 안은 쾌적하고 시원했어요.

88 잉글리시(○) 잉글리쉬(×)

'English'는 '잉글리시'로 적어요.
'잉글리쉬'로 쓰기 쉬운데 잘못된 표현이에요.

 바르게 따라 써 보세요.

영	어	를		잉	글	리	시	라	고	
영	어	를		잉	글	리	시	라	고	

해	요	.								
해	요	.								

 아래 칸에 맞춰 써 보세요.

영어는 잉글리시

영어는 잉글리시

이럴 때 이렇게!

· 잉글리시 카드로 영어 공부를 했다.
· 호떡 모양의 납작한 빵을 잉글리시 머핀이라고 해요.

89 주스(O) 쥬스(X)

'juice'는 외래어 표기법에 따라 '주스'라고 쓰며,
'쥬스'로 쓰는 경우가 많으니 주의하세요.
'생과일주스', '레몬주스', '오렌지 주스', '키위 주스' 등으로 씁니다.

 바르게 따라 써 보세요.

엄	마	가		생	과	일	주	스	를	
엄	마	가		생	과	일	주	스	를	

만	들	어		주	셨	어	요	.		
만	들	어		주	셨	어	요	.		

 아래 칸에 맞춰 써 보세요.

생과일주스를 만들어 주셨다.

생과일주스를 만들어 주셨다.

이럴 때 이렇게!

• 차가운 주스를 많이 먹었더니 배탈이 났어요.
• 신선한 과일 주스에는 비타민이 많이 들어 있습니다.

90 초콜릿(O) 쵸콜렛(X)

'chocolate'은 '초콜릿'이 맞습니다.
'쵸콜렛', '초코렛' 등은 틀린 표현이에요.
초콜릿은 코코아 씨를 볶아서 만든 가루에 우유와 설탕 등을 섞어서 만들어요.

 바르게 따라 써 보세요.

달	콤	한		초	콜	릿	이		입	
달	콤	한		초	콜	릿	이		입	

안	에	서		살	살		녹	았	다	.
안	에	서		살	살		녹	았	다	.

 아래 칸에 맞춰 써 보세요.

달콤한 초콜릿

달콤한 초콜릿

이럴 때 이렇게!

· 밸런타인데이에는 좋아하는 사람에게 초콜릿을 선물해요.
· 달콤한 초콜릿 향이 입 안 가득 퍼지자 기분이 좋아졌습니다.

91 커튼(O) 커텐(X)

창문을 가리는 'curtain'은 '커튼'이라고 쓰며,
'커텐', '카텐'은 잘못된 표현이에요.

 바르게 따라 써 보세요.

커	튼	을		열	자		아	침		햇
커	튼	을		열	자		아	침		햇

빛	이		쏟	아	졌	다	.
빛	이		쏟	아	졌	다	.

 아래 칸에 맞춰 써 보세요.

커튼을 열다.

커튼을 열다.

이럴 때 이렇게!

· 봄을 맞아 산뜻한 무늬의 커튼으로 집 안을 장식했어요.

· 커튼 뒤에 숨은 동생의 발이 보였습니다.

92 컬러(O) 칼라(X)

빛깔, 색상을 뜻하는 'color'는 '컬러'로 적습니다.
'컬러 화면', '컬러 사진', '컬러 렌즈' 등으로 써야 해요.

비슷한 표현 와이셔츠의 옷깃을 가리키는 'collar'는 '칼라'가 맞습니다.

 바르게 따라 써 보세요.

| 나 | 는 | | 화 | 려 | 한 | | 컬 | 러 | 의 | |

| 나 | 는 | | 화 | 려 | 한 | | 컬 | 러 | 의 | |

| | | | | | | | | | | |

| 옷 | 을 | | 좋 | 아 | 한 | 다 | . | | | |

| 옷 | 을 | | 좋 | 아 | 한 | 다 | . | | | |

| | | | | | | | | | | |

 아래 칸에 맞춰 써 보세요.

화려한 컬러의 옷

화려한 컬러의 옷

이럴 때 이렇게!

· 흑백텔레비전만 있었던 우리 동네에 처음으로 컬러텔레비전이 들어왔다.

· 교복에는 하얀 칼라의 블라우스가 잘 어울려요.

93 케이크(O) 케잌(X)

'cake'는 '케이크'라고 써야 해요.
'케익', '케익'으로 쓰기도 하는데 잘못된 표현이에요.

 바르게 따라 써 보세요.

생	일		축	하		케	이	크	에	
생	일		축	하		케	이	크	에	

촛	불	을		꽂	아	요	.			
촛	불	을		꽂	아	요	.			

 아래 칸에 맞춰 써 보세요.

생일 축하 케이크
생일 축하 케이크

이럴 때 이렇게!

· 알록달록하게 장식된 크리스마스 케이크는 정말 먹음직스러웠어요.

· 엄마는 간식으로 롤 케이크를 접시에 내 오셨습니다.

94 케첩(O) 케찹(X)

'ketchup'은 '케첩'이라고 쓰며, [케첩]이라고 발음해요.
'케찹'으로 읽거나 잘못 쓰지 않도록 주의하세요.

 바르게 따라 써 보세요.

핫	도	그	에		토	마	토	케	첩	을	∨
핫	도	그	에		토	마	토	케	첩	을	

듬	뿍		뿌	렸	어	요	.
듬	뿍		뿌	렸	어	요	.

 아래 칸에 맞춰 써 보세요.

토마토케첩을 뿌렸다.

토마토케첩을 뿌렸다.

이럴 때 이렇게!

· 감자튀김은 케첩을 찍어 먹어야 맛있습니다.

· 달걀 프라이에도 토마토케첩 뿌리는 걸 좋아해요.

95 탤런트(O) 탈렌트(X)

방송에 출연하는 'talent'는 '탤런트'라고 써야 해요.
'탈렌트', '탈랜트'로 쓰지 않도록 주의하세요.

 바르게 따라 써 보세요.

우	리		엄	마	는		탤	런	트	처
우	리		엄	마	는		탤	런	트	처

럼		예	뻐	요	.					
럼		예	뻐	요	.					

 아래 칸에 맞춰 써 보세요.

탤런트처럼 예쁘다.

탤런트처럼 예쁘다.

이럴 때 이렇게!

· 탤런트가 되려면 외모 가꾸기보다 연기 공부를 열심히 해야 합니다.

· 이번 오디션에 합격만 한다면 나도 탤런트가 될 수 있을 거야!

96 테이프(O) 테잎(X)

'tape'는 '테이프'라고 쓰고, '테잎', 테입'은 잘못된 표기입니다.
종이나 헝겊으로 만든 긴 띠도 '테이프'라고 하며, 우리가 자주 쓰는
'스카치테이프'는 상품명에서 나온 말로 접착용 셀로판테이프를 말해요.

 바르게 따라 써 보세요.

만	들	기		시	간	에	는		스	카
만	들	기		시	간	에	는		스	카

치	테	이	프	도		준	비	하	세	요.
치	테	이	프	도		준	비	하	세	요.

 아래 칸에 맞춰 써 보세요.

스카치테이프를 준비한다.

스카치테이프를 준비한다.

이럴 때 이렇게!

· 미술관 개관식에서 유명 인사들이 테이프를 가위로 잘랐습니다.

· 자꾸만 떨어지는 메모지를 스카치테이프로 단단히 붙였다.

97 텔레비전(○) 텔레비젼(X)

'television'은 '텔레비전'으로 적습니다.
'텔레비젼', '테레비'로 쓰지 않도록 주의하세요.

 바르게 따라 써 보세요.

텔	레	비	전	을		보	면		시	간 ∨
텔	레	비	전	을		보	면		시	간

가	는		줄		모	른	다	.
가	는		줄		모	른	다	.

 아래 칸에 맞춰 써 보세요.

텔레비전을 보았다.
텔레비전을 보았다.

이럴 때 이렇게!

- 어제 텔레비전에서 유익하고 재미있는 프로그램을 방영했어요.
- 텔레비전을 너무 가까이에서 보면 시력이 나빠집니다.

98 파이팅(○) 화이팅(✕)

'fighting'은 응원을 하고 격려하는 말로 '파이팅'으로 씁니다.
'화이팅'은 잘못된 표현이니 주의하세요.

주의 영어의 'f'를 우리말로 쓸 때는 외래어 표기법에 따라 'ㅍ'으로 적습니다.

 바르게 따라 써 보세요.

우	리		팀		이	겨	라	.	파	이
우	리		팀		이	겨	라	.	파	이

팅	!									
팅	!									

 아래 칸에 맞춰 써 보세요.

우리 팀 파이팅!

우리 팀 파이팅!

이럴 때 이렇게!

· 선수들은 파이팅을 외치며 승리를 다짐했어요.

· 마지막으로 우리 모두 파이팅 합시다!

재미있는 맞춤법 퀴즈

 아래 글을 읽고, 올바른 외래어에 ○표 하세요.

1. 이번에 새로 나온 (개임 / 게임) 해 봤니? 정말 재미있다고!

2. 내 동생은 영화 (마니아 / 매니아)입니다.

3. 닭고기 (바비큐 / 바베큐)를 쳐다보며 군침을 삼켰어요.

4. 담백한 (비스킷 / 비스켓)에 치즈와 과일을 얹으면

   카나페가 만들어져요.

5. (수퍼마켓 / 슈퍼마켓)에 가다가 친한 친구를 만났다.

6. 고장 난 카메라를 수리 (센터 / 센타)에 맡겼다.

7. 계단이 많은 지하철역에서 (에스컬레이터 / 에스칼레이터)를

   이용하니 정말 편리하구나!

8. 나는 생크림 (케이크 / 케잌)을 좋아해요.

9. 드레스를 입은 이모는 마치 (탈렌트 / 탤런트) 같아 보였다.

10. 종일 (텔레비전 / 텔레비젼)만 보다가 엄마께

    꾸중을 들었다.

1. 게임 2. 마니아 3. 바비큐 4. 비스킷 5. 슈퍼마켓 6. 센터 7. 에스컬레이터 8. 케이크 9. 탤런트 10. 텔레비전

여러 가지 문장부호

● **문장부호란?**
문장의 뜻을 돕거나, 문장의 정확한 의미 전달을 위해 쓰는 여러 가지 부호를 말해요.

● **마침표**
: 문장이 끝났을 때 쓰는 부호예요.
① **온점(.)** : 서술형의 문장을 마칠 때
② **물음표(?)** : 물음을 나타낼 때
③ **느낌표(!)** : 감탄과 놀람을 나타낼 때

● **쉼표**
: 문장 안에서 잠깐 쉬어가도록 할 때 쓰는 부호예요.
① **반점(,)** : 문장에서 잠깐의 쉼을 나타낼 때
② **가운뎃점(·)** : 대등한 몇 개의 단어를 나열할 때
③ **쌍점(:)** : 포함되는 종류를 나열하거나, 설명을 덧붙일 때
④ **빗금(/)** : 대등한 것으로 '또는'을 나타낼 때, 분수를 나타낼 때

● **따옴표**
: 따온 말을 그대로 표현할 때 쓰는 부호예요.
① **큰따옴표(" ")** : 직접 대화를 나타낼 때, 남의 말을 인용할 때
② **작은따옴표(' ')** : 강조하는 말, 마음속의 표현 등을 나타낼 때

● **묶음표**
: 다른 글과 구별할 때 앞뒤에 쓰는 부호예요.
① **소괄호(( ))** : 원어, 연대, 설명 등을 넣을 때
② **중괄호({ })** : 여러 단위를 동등하게 묶을 때
③ **대괄호([ ])** : 묶음표 안과 바깥 말의 음이 다를 때, 묶음표가 중복될 때

● **이음표**
① **줄표(—)** : 앞서 말한 내용을 덧붙여 설명할 때
② **붙임표(–)** : 합성어를 나타낼 때
③ **물결표(~)** : '내지'라는 뜻으로 쓸 때, 생략할 때

● **안드러냄표**
① **숨김표(××, ○○)** : 알면서도 드러내지 않을 때
② **줄임표(……)** : 할 말을 줄였거나 말이 없음을 나타낼 때

지은이 키즈키즈 교육연구소

기획과 편집, 창작 활동을 전문으로 하는 유아동 교육연구소입니다.
어린이들이 건강한 생각을 키우고 올곧은 인성을 세우는 데 도움이 되는
교육 콘텐츠를 개발하고 있습니다. 즐기면서 배울 수 있는 프로그램 개발에도
힘쓰고 있으며, 단행본과 학습지 등 다양한 분야에서 활동하고 있습니다.

중쇄 인쇄 | 2024년 1월 15일
중쇄 발행 | 2024년 1월 19일
지은이 | 키즈키즈 교육연구소
펴낸이 | 박수길
펴낸곳 | (주)도서출판 미래지식
기획 편집 | 이솔 · 김아롬
디자인 | design Ko

주소 | 경기도 고양시 덕양구 통일로 140 삼송테크노밸리 동 3층 333호
전화 | 02)389-0152
팩스 | 02)389-0156
홈페이지 | www.miraejisig.co.kr
이메일 | miraejisig@naver.com
등록번호 | 제 2018-000205호

ISBN 979-11-90107-23-5 64700
ISBN 979-11-90107-20-4 세트)

*미래주니어는 미래지식의 어린이책 브랜드입니다.